ARMÉE FRANÇAISE

ÉQUIPEMENT

CHAUSSURES

Paris. — Imp. Dubuisson et Cie, rue Coq-Héron, 5.

ARMÉE FRANÇAISE

ÉQUIPEMENT

CHAUSSURES

CHAUSSURES DE L'INFANTERIE

CHAUSSURES D'ORDONNANCE ACTUELLE, NOUVEAUX MODÈLES PROPOSÉS

avec gravures sur acier

PAR FÉLIX GUÉNIN

CORDONNIER-BOTTIER

Rédacteur du MONITEUR DE LA CORDONNERIE

Ex-secrétaire-rédacteur du COMITÉ PROFESSIONNEL à l'Exposition Universelle, à Paris, 1867

Ex-MEMBRE DU JURY de l'Exposition internationale du Havre

(DIPLÔME)

Prix : 1 franc 25 c.

> Le problème est celui-ci, et il n'y en a pas d'autres : — Équiper le soldat uniquement au point de vue de faire campagne et non pas de passer des revues.

DEUXIÈME ÉDITION

PARIS

E. DENTU, LIBRAIRE-ÉDITEUR

Galerie d'Orléans, Palais-Royal

Et chez l'Auteur, rue de Vaugirard, 23 (près le Luxembourg)

1872

MONSIEUR,

Je viens de lire les épreuves de votre brochure que vous avez bien voulu me communiquer.

Je crois que vous avez été heureusement inspiré en faisant ce travail, qui doit, selon moi, éclaircir une question très-importante et pleine d'actualité, relativement à l'équipement militaire.

Je suis heureux de retrouver, en lisant votre

brochure, les idées que vous m'avez communiquées dans plusieurs entretiens que nous avons eus ensemble.

Vous êtes toujours le même : vous aimez ardemment la patrie, et vous vous occupez de notre armée pour son équipement, en ce qui vous est spécial ; vous avez bien raison : c'est là encore servir le pays.

Ne feriez-vous pas bien, aussi, Monsieur, de publier un de ces jours les *Conférences professionnelles* que vous avez faites, et dont l'initiative vous appartient, — conférences que la guerre a dû interrompre.

Il est toujours bon qu'un homme qui a consacré ses méditations à l'amélioration des choses de son métier en fasse part aux gens de sa profession.

Bon courage, Monsieur, et recevez mes félicitations.

BABINET, de l'Institut

ancien Officier d'Artillerie, Membre de
la Commission d'hygiène du 6e arrondissement.

Paris, Janvier 1872.

ARMÉE FRANÇAISE

CHAUSSURES

I.

Depuis quelque temps, au ministère de la guerre, on s'occupe activement et sans bruit des réformes à apporter à l'équipement de l'armée. Pour notre part, ainsi que beaucoup de nos amis, nous portons le plus grand intérêt à ce travail de transformation. D'abord parce que l'équipement militaire est notre

1.

spécialité; mais surtout, parce que nous savons toute l'importance que prend l'équipement d'une armée en campagne, lorsqu'elle est équipée avec intelligence, probité et dévouement.

Pour aujourd'hui, nous nous occuperons de la chaussure; nous commençons et pour cause, par la chaussure spéciale de l'infanterie française. Cette chaussure étant en ce moment à l'étude à la commission du nouvel équipement de l'armée.

Nous avons appris, par nos relations personnelles et par les journaux, que cette commission comptait dans son sein beaucoup de membres, partisans de chausser de la *petite Botte* notre infanterie; que cette question était sur le point d'avoir pour solution l'adoption de ce genre de chaussure.

Comme Français, nous nous occupons de la chose du pays. Comme cordonnier et publiciste de cette profession, nous nous intéressons vivement à l'équipement de l'armée; c'est de notre ressort.

***

On désire, on veut donc, pour le mieux sans nul doute, changer le genre de chaussure actuel par un autre genre. — Mais, suivant nous, il est très-important de savoir, et cela sous beaucoup de rapports, si la chaussure qu'on veut adopter est d'un meilleur usage que la chaussure que l'on veut quitter; et plus encore de savoir s'il n'y a pas d'autres genres de chaussures bien préférables à celui qu'on veut si *précipitamment adopter*.

Sitôt que nous avons appris que, très-sérieusement et sous peu, on allait chausser l'infanterie de la petite botte, par imitation de l'infanterie allemande, nous n'avons pas hésité à déclarer que cette chaussure pour l'infanterie française peut un jour être l'une des causes de nouveaux revers pour l'armée; immédiatement, par conviction et par devoir, nous avons pris la plume, et, dans *le Moniteur de la Cordonnerie*, nous avons publié des articles remplis d'arguments et de preuves pratiques contre l'usage de la petite botte, ou bottillon, comme étant un mauvais genre de chaussure pour le fantassin français.

Les lecteurs du journal *le Moniteur de la Cordonnerie* sont des cordonniers-bottiers civils et de l'armée, des fabricants de chaussures en gros, des tanneurs, corroyeurs, peaussiers, fabricants d'équipement, des commissionnaires pour l'exportation ; ils nous connaissent depuis plus de vingt ans que nous collaborons très-activement à ce journal, répandu dans ces divers professions et commerce, et cela dans les Deux-Mondes.

Des amis sincères et patriotes nous ont engagé à publier notre opinion sur l'équipement de l'armée. Nous commençons par le plus pressé en ce moment : la chaussure de l'infanterie. — C'est ce que nous faisons aujourd'hui. — Si nous atteignons le but que nous poursuivons sans nous rebuter depuis plus de vingt ans, notre but celui-ci : — que l'armée soit bien chaussée, — nous nous estimerons heureux et serons payé ainsi de nos persistants efforts.

Dans ce travail que nous publions, nous nous expliquons spécialement sur les graves inconvénients qu'aurait pour l'infanterie *française* l'usage de la botte ou de la *petite botte*. — Mais, Dieu merci ! nous ne sommes pas seul de notre avis, et bien que pressé par le temps, nous fassions cette brochure d'un trait de plume, nous avons trouvé de mémoire des noms de médecins, de chirurgiens, d'orthopédistes et de cordonniers-bottiers, militaires et civils, qui comptent parmi les premiers de la France, et qui partagent notre opinion sur ce sujet.

De plus, beaucoup de nos confrères de Paris, de la province et de l'étranger se sont carrément prononcés de notre avis, et même nous ont envoyé des encouragements à continuer notre publicité. Des lettres qu'ils ont envoyées, les unes ont été publiées dans *le Moniteur de la Cordonnerie*, les autres, nous les gardons en réserve. Mais notre confrère et ami Bernardel est partisan de chausser le fantassin de la petite botte; cependant il accepterait, nous dit-on, le soulier genre napolitain.

⁂

Nous allons vous dire, bienveillant lecteur, ce qui nous a poussé à nous occuper avec tant d'intérêt de la chaussure militaire; c'est surtout le souvenir des souffrances que, depuis notre enfance, nous avons vu supporter par les soldats en voyage.

Je suis né en Bourgogne, et Sens, ma chère ville natale, est traversée par de grandes routes qui sillonnent la France, routes très fréquentées des régiments en marche et des soldats qui vont en congé. — Nos habitants logent donc des militaires très souvent ; personne ne peut mieux juger de la misère des soldats en route que les gens chez lesquels ils sont logés.

Pour moi, je me rappelle que les militaires que nous recevions chez mon père, et plus tard aussi chez moi, étaient toujours blessés aux pieds. Dame! on soignait de suite les soldats, et nos ouvriers cordonniers réparaient leurs chaussures, pour rien bien entendu. C'est toujours ainsi que se passent les choses dans nos pays, où les soldats sont reçus comme étant de la maison.

Donc bien jeune, j'ai vu de près ces misères du troupier, et je n'ai jamais oublié comment ces braves jeunes gens étaient souvent blessés par leurs chaussures. Cela indignait mon père, d'autant plus que c'est un chausseur de talent.

Devenu cordonnier moi-même, j'ai cherché la cause

pour laquelle nos soldats, fantassins et cavaliers, étaient si souvent éclopés; alors, après avoir étudié pratiquement ces questions, j'ai fait de nombreuses publications spéciales sur les chaussures de l'armée; j'ai publié des modèles pour l'armée de terre et de mer. J'ai surtout encouragé et aidé, par les moyens dont je puis disposer, mes confrères qui présentent de bons et nouveaux modèles de chaussures.

Ce qui m'a fait persister dans cette voie de réformes, c'est le bon souvenir et les conseils du grand chirugien Larrey, c'est l'encouragement de l'illustre Béranger, de Lamartine, de Victor Guichard de l'Yonne, d'Arnaud de l'Ariége, etc.; ils m'ont bien engagé à étudier la chaussure militaire sans me rebuter, et d'y faire apporter des modifications. — Pour un cordonnier même un peu connu, *faire accepter des modifications!* la tâche était, et est encore plus difficile à remplir avec succès que ces dignes citoyens ne l'ont jamais supposé; mais mes confrères de l'armée, eux, le savent bien.

***

Je me souviens qu'un jour Béranger me dit : « C'est bien servir son pays que de travailler sans relâche à bien chausser le soldat ; j'en connais et en apprécie toute l'importance. »

Je lui répondis malicieusement par ses vers immortels, où il peint les soldats de la Révolution :

Pieds nus, sans pain, sourds aux lâches alarmes,
Tous, à la gloire, marchaient au même pas.

Il repartit d'une voix émue :

— Ces soldats étaient des géants, mon ami ; chaussons mieux leurs fils.

— Béranger, lui dis-je, vous avez, dans ces deux vers, mieux écrit l'histoire militaire des soldats de notre immortelle Révolution, que bien des historiens en de gros volumes.

***

Ceux qui nous connaissent comprendront la cause de l'énergique persistance que nous déployons depuis longtemps pour que l'armée soit bien chaussée; n'oublions pas que nous sommes dans le vrai en croyant à l'importance immense que prend la chaussure pour l'armée en campagne.

Aussi, depuis l'antiquité, de grands capitaines s'en sont-ils occupés, Grecs et Romains, jusqu'à nos jours.

L'illustre général Alcibiade, l'Athénien, inventa la chaussure-brodequin, dont on chaussa les guerriers. — Iphicrate, l'ex-cordonnier, devenu général célèbre, s'inquiétait tout d'abord, avant de mener ses légions au combat, si, ses soldats étaient bien chaussés. De plus, il inventa un brodequin spécial pour les guerriers. Cette chaussure fut nommée Iphicratide.

Nous lisons dans l'*Encyclopédie des arts et métiers :*

« Le grand Pompée était pénétré de l'influence que la chaussure exerce sur l'art de la guerre. Un jour, le Sénat lui ayant demandé par quel moyen il se procurerait des soldats, il fit voir une chaussure militaire, et dit qu'en frappant la terre avec cette chaussure, il en sortirait des légions..... »

Un officier anglais de grand mérite, le colonel Carter, étudia la cordonnerie, en vue de trouver une bonne chaussure pour le fantassin. Il inventa un soulier d'une grande valeur, dont on chaussa l'armée anglaise.

Le duc de Malbouroug, chasseur intrépide et guerrier célèbre, fit faire une chaussure militaire dont les semelles débordaient de beaucoup le soulier. On nomma depuis ce genre de brodequin Chaussures-Malbouroug.

Napoléon Ier disait : « Pour équiper un soldat, il faut trois choses indispensables: Un bon fusil, une capote et de *bons souliers.* »

En 1857, le maréchal Mac-Mahon, alors qu'il était général-inspecteur en Algérie, s'intéressa beaucoup au nouveau soulier de fantassin du bottier Delmas, du 5e chasseurs à cheval.

Il y a quelques années, alors qu'il était ministre de la guerre, le maréchal Niel, à la tribune française, a dit : « J'ai pour ma part étudié la chaussure militaire : *le soulier est le cheval du fantassin.* »

Hélas! si nous consultions sur ce sujet les officiers qui ont conduit, l'année dernière, nos jeunes soldats improvisés pour arrêter l'invasion de ces hordes allemandes préparée dans un noir silence, depuis plus de cinquante ans, que de souffrances ils nous révéleraient, souffrances provenant de chaussures mal conditionnées !

Nous lisons encore dans l'*Encyclopédie* citée plus haut : « Quel homme de guerre a réfléchi sur l'inconvénient de donner à des soldats des souliers ou des bottes faites à tout venant, d'après les vieilles routines, et prises au hasard, dans les magasins de fournitures? Il a attribué, sans doute, à une cause supérieure et étrangère, d'avoir été repoussé d'une escalade, d'avoir manqué la prise d'une redoute; lorsque son désappointement ne venait que de ce que deux ou trois de ces braves qui sont les premiers partout n'ont pas eu, ce jour-là, la force de grimper avec rapidité parce que leurs chaussures, trop grandes ou trop petites, leur avaient écorché les chevilles, ou causé des ampoules; ou bien qu'ils n'ont pu, sans une douleur atroce, s'appuyer sur un cor ou un durillon. Ainsi, souvent, dans l'ordre établi par la Providence, la plus petite cause produit les plus grands effets. »

***

Pour notre part, nous sommes tellement persuadé de l'utilité de la bonne chaussure pour l'armée, qu'en 1870, lors de l'invasion, nous nous adressions à tous nos confrères de la *France*, par le *Moniteur de la cordonnerie*, numéro du 25 août; nous donnions des avis spéciaux concernant la chaussure, et aux jeunes soldats, et aussi aux cordonniers qui les chaussaient à la hâte. — Nous disions entre autres chose : « Choisissez le soulier et la guêtre, le napolitain, mais jamais la botte, c'est une mauvaise chaussure pour faire campagne : la botte est lourde, elle échauffe le pied, porte à la transpiration, et ainsi le pied et la jambe se blessent facilement. Le marcheur a continuellement les pieds tendres et sensibles par la chaleur et par la pluie. »

On le voit, nous n'avons pas attendu cette année pour avoir une opinion arrêtée.

« Dans les circonstances actuelles, disions-nous, il faut que chaque ouvrier qui travaille pour l'armée travaille avec conscience : c'est un devoir national ; nous devons alléger le plus possible nos frères qui partent à la frontière. »

Je terminais ainsi en m'adressant aux cordonniers patrons et ouvriers : « Notre devoir nous prescrit d'exécuter de bonnes et solides chaussures pour nos soldats ; c'est un devoir de conscience que tous doivent remplir. Nous sommes convaincu de ce sentiment en ce qui nous concerne. N'oublions pas qu'un soldat blessé par sa chaussure est presque toujours perdu devant l'ennemi. »

***

Quelques jours avant le siége de Paris, le Gouvernement de la Défense nationale nous fit l'honneur de nous nommer régulièrement chef à l'équipement de la garde nationale de la Seine. Nous avions à équiper de suite plus de quatre cent mille hommes, et, pour une cause ou pour une autre, nous n'avions, au début, à notre disposition ni cuirs, ni ouvriers cordonniers, ni selliers; tous étaient de service, et Paris était bloqué. C'est au milieu de ces difficultés qu'il a fallu, pendant les deux premiers mois, se procurer, entre autre équipement, de la chaussure quand même; et la plupart des officiers ne voulaient donner aucune permission aux ouvriers cordonniers, ce qui ne les empêchait pas de réclamer impérieusement pour la compagnie et le bataillon de la chaussure pour les hommes qui en manquaient. — Au bout de plusieurs mois, un négociant, M. R...., à qui le hasard avait fait lire nos articles du journal que nous venons de citer, les montra au général Clément Thomas, qui, le lendemain, vint nous voir à l'Hôtel de Ville. Nous l'emmenâmes visiter nos principaux et immenses magasins d'équipement au Châtelet et au Palais de l'Industrie. Nous lui avons dépeint notre difficile position. Nos petits et gros fournisseurs manquaient d'ouvriers. Le général nous comprit, nous remercia, nous encouragea : il redoutait, d'accord avec le gouvernement, nous dit-il, notre démission : « Jamais, tant qu'il y aura un Allemand autour de Paris; répondîmes-nous. » — Et le lendemain matin on lisait dans le *Journal Officiel* un ordre du jour du général Clément Thomas faisant un appel patriotique au dévouement des cordonniers de Paris.— Cet appel, compris des officiers et entendu de nos ouvriers cordonniers, rendit immédiatement un immense service à nos gardes nationaux, qui servaient par un hiver long et très-rigoureux, et depuis nous aida ainsi à la défense de Paris.

***

Il y a quelques années, nous avions pour ami un père de famille vieil enfant de troupe, chef armurier de l'armée, lequel conduisait avec la plus grande discrétion un atelier d'armes près le château de Meudon; on y cherchait la nouvelle arme connue depuis sous le nom humain de mitrailleuse ! Dieu ! comme pour sa part il travaillait aux essais de ce nouvel engin qu'il croyait indispensable pour défendre la France ! Que de nuits il a passées à rêver à son travail; il est mort à la tâche ! — L'ex-chef de l'État, en apprenant sa mort inattendue, dit : « Jamais nous ne remplacerons Pirkin. »

Ce brave Pirkin nous disait souvent : «Continuez à chercher de bons modèles de chaussures pour les troupiers ; moi, voilà plus de vingt ans que je cherche de bonnes armes : nous servons le pays ; ces gueux d'Allemands nous épient ! »

*

Avec beaucoup moins de mérite, nous suivons l'exemple de feu Pirkin, car ne croyez pas, lecteurs, que nous poursuivons une illusion et que nous croyons que nos réclamations empêcheront que l'on adopte la petite botte pour l'infanterie; non, mais on ne pourra pas dire qu'aucune parole publiée n'aura protesté par des arguments et des preuves. De même encore, nous ne croyons pas que les modèles que nous proposons seront adoptés; non, nous le faisons par devoir, afin de n'avoir à ce sujet rien à nous reprocher, et la preuve, c'est que, depuis plus de seize ans, dans le *Moniteur de la Cordonnerie*, nous poussons à ce que l'on s'occupe des modèles de chaussures qu'ont déposés nos confrères du civil et de l'armée, et comment croirions-nous à quelques réussites personnelles ?

Dabord nous ne voulons pas être fournisseur, et quant aux modèles de chaussures déposés, nous savons trop ce qu'on en fait depuis longtemps.

Tenez, il y a onze ans, je fis, mes confrères le savent, un soulier spécial pour nos marins, lesquels, par parenthèse, on chausse assez mal au point de vue des manœuvres.

Dans le journal de notre profession, je dessinai le modèle ; j'en fis la description ; j'en expliquai l'usage. — Des officiers de marine m'engagèrent à le présenter au ministère de la marine ; je me laissai gagner ; je fus très-bien reçu ; on regarda mes souliers ; ils étaient souples, solides, les semelles piquées permettaient de manœuvrer avec aplomb sur le pont, aussi pour l'abordage, sur les mâts et dans les vergues ; bref on voulut bien m'en faire l'éloge ; et franchement je vis que cette chaussure avait les suffrages de la commission.

Depuis, je n'ai jamais entendu parler de mes pauvres modèles, si ce n'est qu'il en a été fabriqué de tout pareils, en quantité immense par les Anglais et les Américains, pour leurs marins. — L'Allemagne du nord a copié ce modèle; voilà les seuls faits qui me rendent mécontent!

***

Pour les nouvelles chaussures de l'armée, nous sommes d'avis, comme principe, ainsi que l'a demandé le cordonnier Benoit-Voisin, dans une pétition adressée, fin d'année 1870, à M. le ministre de la guerre : — que l'on ouvre un concours pour les modèles de chaussures et qu'un jury spécial, compétent, mais surtout *indépendant,* choisisse les meilleurs modèles pour en chausser l'armée.

Mais il paraît qu'il n'en sera pas ainsi. — Les choses pratiques et de bon sens ne peuvent être reçues en France, ce qui ne nous empêche pas d'être le premier peuple du monde !

§ II.

CHAUSSURES DE L'ARMÉE

DES MODÈLES DE CHAUSSURES SPÉCIALES POUR L'INFANTERIE

La petite botte (proposée). — Effets désastreux que peut procurer cette chaussure pour le fantassin. — Questions spéciales que la commission doit se poser avant d'adopter un genre de chaussures.— Réponses à ces questions. — La petite botte. — Opinions de : Larrey, Cavalier chirurgien de l'armée, orthopédistes, cordonniers et bottiers de l'armée et du civil. — Sommes-nous pour le soulier et la guêtre actuels ?

« Le problème est celui-ci, et il n'y en a pas d'autres : chausser le soldat uniquement au point de vue de faire campagne et non pas de passer les revues. »

Nous venons d'apprendre que, très-sérieusement, on veut adopter la petite botte pour chausser l'infanterie française.

Comme, depuis plus de vingt ans, nos lecteurs le savent, je m'occupe beaucoup de la chaussure militaire et que j'en ai fait fabriquer des quantités, et comme je sais aussi toute l'importance que prend *la chaussure militaire en temps de guerre*, qu'elle *est la partie la plus essentielle de l'équipement du soldat*, et que, pour beaucoup de cordonniers de mérite, et pour moi, le mode de chaussure dont il s'agit doit amener sûrement des effets désastreux, surtout en campagne, j'ai cru de mon devoir et en mon nom personnel, d'élever un protestation, dût-elle n'avoir aucun résultat.

Mais je connais le sentiment qui anime l'administration supérieure; elle ne fera pas de changement à la légère et s'éclairera si elle en a besoin.

Dans *le Moniteur de la Cordonnerie*, j'ai pris l'engagement de donner de suite les motifs pour lesquels, selon moi, le bottillon, pour le fantassin français, est un véritable danger : c'est ce que je viens exposer aujourd'hui.

***

On comprendra bien qu'en ce moment, où tout Français doit se dévouer à relever la patrie, et où l'armée peut être appelée à jouer un grand rôle, s'il faut que le savant s'occupe de réformer notre artillerie, que l'officier administrateur, l'officier ingénieur, stratégiste, introduisent dans l'armée les réformes nécessaires, que l'habile équipeur réforme l'équipement, le cordonnier doit, de son côté, s'occuper des améliorations à apporter à la chaussure militaire; c'est ce que nous faisons depuis longtemps par devoir : aujourd'hui, les moments sont précieux.

***

Une commission qui a pour mission de chercher, de choisir un genre de chaussure spécial pour l'infanterie, doit avant tout, pour résoudre ce problème difficile, se poser les questions suivantes :

Quelle condition doit avoir la chaussure du fantassin ?

Chausser le fantassin de manière à ce qu'il puisse braver sans crainte, avec sa chaussure. le sol de tous les climats.

Quelle qualité et quelle forme doit avoir la chaussure du fantassin ?

Il faut chausser le soldat uniquement au point de vue de faire campagne.

Chausser le soldat de façon qu'il soit le moins fatigué possible :

Qu'il puisse se chausser et se déchausser vivement.

Que ses pieds transpirent et enflent le moins possible.

Que, lorsque le marcheur est blessé aux pieds. ou qu'ils enflent, soit par l'excès du froid ou par celui de la chaleur ou par la fatigue de la marche. la chaussure puisse

s'élargir à volonté, sans que, pour cela, elle cesse de maintenir le pied et de le protéger contre les accidents du sol.

Que les chaussures soient établies sur une échelle de proportions comprenant bien les grandeurs voulues et régulières, les intervalles petits. — Que chaque longueur comporte des largeurs en quantité suffisante pour chausser tous les pieds d'une même longueur.

Que la chaussure ne procure au marcheur ni cors, ni oignons, ni durillons, etc.

Que les formes (moules) sur lesquelles on fabriquera la chaussure aient comme type l'analogie du pied, afin de ne pas blesser le marcheur.

Que le semelage de la chaussure soit établi de façon à résister sur tous les sols

Voilà les principales questions que doit se poser toute commission qui s'occupe d'un pareil travail, et ces questions doivent être son *critérium* pour la guider dans ses travaux.

Nous, ici, nous allons en traiter les principales.

Cela dit, nous entrons de suite en matière. Et, afin d'être le plus clair possible, nous diviserons notre travail par questions, et nous essayerons d'y répondre de notre mieux.

***

Quelle condition doit avoir la chaussure du fantassin ?

Le fantassin, par la nature de ses armes, est, on le sait, de service par tous les temps; temps d'hiver, temps d'été, par les saisons pluvieuses, par la fonte des neiges ou des glaces; pour ces diverses températures, il n'est fourni au soldat qu'un seul genre de chaussure : voilà la vérité.

Nous autres civils, nous portons avec raison plusieurs genres de chaussures, et cela selon les diverses saisons. Mais le fantassin français, soit en été, soit en hiver, qu'il voyage ou qu'il campe dans les steppes de la Russie ou dans les déserts brûlants de l'Afrique, ou dans le Sénégal, porte toujours, nous le répétons, le même genre de chaussure.

De sorte que, pour la commission d'équipement, le problème se trouve être celui-ci :

Chausser le fantassin de manière à ce qu'il puisse braver sans crainte, avec sa chaussure, le sol de ces divers climats.

Ce n'est certes pas là un problème facile à résoudre.

Pour l'habillement, on s'est occupé des diverses saisons et des divers climats, et alors le fantassin a plusieurs habillements ; mais il n'a cependant qu'une seule chaussure.

Or, il n'existe pas, que nous sachions, un seul genre de chaussures connu qui puisse répondre aux besoins des différentes saisons ou à des climats si opposés.

C'est donc d'après cette donnée, donnée impérative : ne porter qu'un seul genre de chaussure, qu'il faut que la commission adopte celui qui offrira le moins d'inconvénients.

Cette condition malheureuse nous amène à la deuxième question.

Quelle qualité et quelle forme doit avoir la chaussure du fantassin?

D'abord le problème est celui-ci, il n'y en a pas d'autres : **chausser le soldat uniquement au point de vue de faire campagne et non pas de passer des revues.**

On sait, à tort ou à raison, que le fantassin français en campagne est plus chargé que le fantassin de l'étranger. Il faut donc, par conséquent, que la chaussure du fantassin soit établie de telle sorte, qu'à la marche forcée, le soldat soit le moins fatigué possible ; «qu'il puisse se chausser et se déchausser vivement ; que ses pieds transpirent le moins possible ; qu'ils ne s'entament pas d'abord ; il faut que cette transpiration locale ne donne pas la fièvre au marcheur; que, lorsque ses pieds enflent, soit par la fatigue, soit par la chaleur, soit par le froid, il ait une chaussure qui puisse s'élargir à volonté ; que la chaussure qu'il porte ne lui procure ni cors, ni oignons, ni durillons, etc. »

On voit que ce n'est point là une petite affaire que de trouver un modèle se prêtant à ces diverses combinaisons.

Cependant, nous allons nous entretenir de certains modèles plutôt au point de vue de la valeur du système, que dans l'entier de la chaussure, et cela, parce que nous ne pouvons tout embrasser ici ; il nous faudrait un gros livre; ainsi, il y aurait encore les questions suivantes : *La qualité que doivent avoir les formes à chausser (moules sur lesquels on fait la chaussure)* au point de vue orthopédique. Nous aurions encore à nous occuper *du genre de semelage que doit avoir une chaussure militaire*, semelage qui doit être solide, souple, mais épais, pouvant résister à tous les chemins, unis ou rocailleux, marais ou sables brûlants, etc.

Le semelage de la chaussure d'ordonnance actuelle a en partie les qualités réclamées.

Il y aurait encore à s'occuper du genre de fabrication, afin que, dans l'intérieur de la chaussure, il n'y ait aucune couture ni aspérité qui puisse en quoi que ce soit blesser le marcheur (1).

Cela dit, voyons d'abord la chaussure qu'on veut adopter, c'est-à-dire *la petite botte* ou *bottillon.*

LA PETITE B .

Le bottillon dont on veut chausser le fantassin réunit-il les conditions que nous venons d'exposer plus haut ? Non. Et c'est ce que nous allons démontrer.

Que la chaussure puisse se chausser et se déchausser vivement.

Pour qu'on chausse vivement une botte, il faut qu'elle ait une bonne coupe, c'est-à-dire en rapport

---

(1) Dans une prochaine édition, nous traiterons *des qualités que doivent avoir les formes à chausser, puis le semelage de la chaus ure du fantassin et du caval*

direct avec le genre de pied qu'elle doit chausser; qu'elle soit bien montée, ce qui, dans la fabrication en gros, est chose difficile et rare à obtenir; nous nous en rapportons aux gens du métier, et, pour l'usage, aux hommes qui portent ordinairement des bottes. On ne fera pas les bottes sur les mesures des pieds et d'après le genre de pieds de chaque fantassin.

Que de fois on use ses forces ou du moins on se fatigue pour passer le talon et encore, nous parlons du client ordinaire, qui n'a pas les pieds enflés par la fatigue, ou, l'hiver, par les engelures et crevasses au talon. Que sera-ce donc pour le soldat déchaussé, en cas d'alerte, de surprise, de ces imprévus dont la guerre dernière a été si accidentée ?

* * *

Qu'à la marche forcée le fantassin soi le moins fatigué possible.

La petite botte fatigue-t-elle moins le marcheur que le soulier avec sa guêtre ?

Poser la question, c'est la résoudre ; pour tout homme qui a marché avec l'une ou l'autre de ces chaussures, il sait, par expérience, *que la botte est la chaussure qui fatigue le plus.*

Demandez l'opinion des chasseurs et ce qu'ils pensent des bottes pour chasser à pied !

On fatigue d'autant plus que les pieds sont chargés d'un poids plus ou moins lourd ; or, le bottillon n'est-il pas plus lourd que le soulier et la guêtre réunis ?

⁂

Le bottier sait que toute botte, par son système de confection, bride *forcément* le coude-pied, et paralyse beaucoup la liberté des mouvements du pied. Il n'en est pas ainsi de n'importe quel genre de soulier.

Tous les jours, à Paris, nous voyons des patrouilles de la garde républicaine. Ces soldats, qui tous savent manœuvrer, sont chaussés du bottillon ;

eh bien ! leur pas est lourd, les pieds sont peu agiles. On les entend marcher de très-loin, tandis que nos fantassins de toutes armes ont le pas très-léger et peuvent au besoin s'approcher de l'ennemi sans être trahis par des pas lourds et cadencés.

Et cependant, je lis dans un journal politique : *la Liberté*, qui, sans nul doute, croyant être dans le vrai, préconise la botte pour le fantassin, attendu, dit l'auteur, « que c'est de plus en plus par les jambes des hommes, qu'on est appelé à gagner des batailles. »

Pour gagner des batailles, nous ne croyons pas qu'il soit utile que le soldat ait une pesante chaussure pour lui ôter son agilité, lui rendre le pas lourd, et par là éveiller l'attention de l'ennemi. — C'est pourtant ce que procurera l'usage de la botte.

Passons.

***

Que les pieds, à la marche, transpirent le moins possible.

Tout le monde sait que le pied transpire très-facilement et beaucoup plus dans une botte que dans un soulier même guêtré, et cela, parce que l'air ne pénètre pas dans la botte.

Ce sujet est très-important pour ce qui nous occupe, aussi nous ne croyons mieux faire que de citer le passage suivant que nous extrayons de l'*Encyclopédie des arts et métiers* (*L'art de la chaussure*). Voici cet extrait :

DES BOTTES, DE LEUR USAGE ET DU DANGER AUQUEL CET USAGE EXPOSE.

«.....L'usage continuel des bottes ou demi-bottes expose à des dangers. Comme la botte est presque imperméable à l'eau, et que toujours, dans le printemps, l'automne et surtout l'hiver, sa surface extérieure est plus froide que ne l'est l'intérieure, échauffée par la jambe et le pied qu'elle renferme, il s'ensuit en premier lieu que les émanations qui s'échappent continuellement de la peau de la jambe et du pied, ne pouvant pas sortir à travers le cuir, restent concentrées dans la botte, où le froid extérieur les condense et les résoud en eau, de manière que le pied est dans un bain continuel.

« Cette humidité attendrit la peau de la plante des pieds, la rend molle, et par là incapable de remplir sa destination en entier. L'homme ayant les pieds mous ou tendres est incapable d'une longue marche, et, par conséquent, ne peut pas s'exposer à la fatigue d'un voyage à pied sans s'exposer aussi à rester en chemin. C'est alors que, lors même que sa chaussure est assez ample, il prend de cruelles ampoules ; et combien cet inconvénient ne doit-il pas encore augmenter si cet individu est sujet à suer des pieds, comme on en voit souvent, et quoique, pour voyager, il veuille quitter les bottes et mettre des souliers, l'inconvénient ne disparaît pas de suite. La peau attendrie depuis longtemps ne se raffermit pas de suite. Je ne vois pas de chaussure plus fatigante ni plus incommode. »

On ne pourra pas dire que cet extrait de l'*Encyclopédie des Arts et Métiers* est écrit pour les besoins de notre cause, puisqu'il a été écrit en **1824.**

Maintenant, pour qu'une botte tienne au pied, et qu'il ne ballotte pas dans cette chaussure, il faut que le coude-pied y soit assez comprimé et que le talon y soit bien maintenu ; autrement le pied ballotte dans la botte et elle blesse de suite le marcheur à l'arrière et aux côtés latéraux du talon, c'est immanquable. — Mais remarquons que les principales défectuosités que nous venons d'énumérer, savoir : la transpiration et la compression provoquent forcément le gonflement des veines et, ne l'oublions pas, la transpiration ; ce qui, par les temps de chaleur, occasionne de très-graves inconvénients : des ampoules, des cloches, à la suite desquelles les pieds s'entament.

Mais, répondra-t-on, le soulier procure quelquefois ces blessures ? — C'est vrai ; mais beaucoup moins que la botte, et ce beaucoup moins a une grande importance ici.

Aussi, voyons-nous les officiers d'infanterie qui ont fait campagne, lorsqu'il partent à nouveau, quitter la botte et se chausser du soulier. Niera-t-on cela?

Nous demandons à tout homme qui a eu le malheur de porter des bottes éculées ou dont les talons étaient usés, s'il y a au monde une chaussure plus difficile à supporter en cas de marches forcées?

Eh bien! la botte s'écule facilement lorsque, toute chaussée, elle a été beaucoup mouillée. Le soulier à contrefort s'écule moins, et le soldat en campagne n'a pas sous la main le cordonnier pour redresser les talons de sa chaussure. On le voit, dans ce cas, le soulier est préférable encore à la botte de n'importe quel genre.

***

Comme, en marche, le fantassin a les pieds continuellement fatigués, sensibles, et très-souvent enflés, soit par la chaleur, soit par le froid, il faut que la chaussure d'ordonnance soit, par son mode particulier, apte à s'élargir et à se resserrer à volonté.

La botte étant une chaussure qui ne peut s'élargir à volonté vers les endroits où le pied enfle principalement, c'est-à-dire vers le coude-pied, le haut coude-pied, les chevilles, dès lors, lorsque les pieds du fantassin seront dans ce malheureux état, il ne pourra se soulager comme il le fait avec des souliers de n'importe quel genre, en retirant ses chaussures: car il faudra forcément qu'il garde ses bottes et ne se déchausse pas. Et, qu'on ne l'oublie pas, une fois déchaussé, il lui sera impossible de remettre ses bottes, quand bien même il graisserait ses pieds, puis ses bottes à l'intérieur.

Comment reprendre la route et, mieux encore, comment, en cas de surprise, prendre les armes

Donc, chaussé ainsi, il est perdu !

Tandis que, chaussés d'une chaussure qui aura les ouvertures mobiles, soit un soulier, soit un brodequin ou une bottine à haute tige, les hommes pourront se rechausser de suite, même ayant les pieds enflés.

Les ouvertures mobiles répondent à cette impérieuse nécessité d'élargir la chaussure instantanément, lorsque les pieds sont blessés ou enflés et cette chaussure doit être établie de façon à être déchaussée et rechaussée avec promptitude. — Mais, avec le système du bottillon, cette faculté *précieuse* est perdue.

***

Autre inconvénient du bottillon : Lorsqu'on marche longtemps, soit dans la neige ou dans la rosée, soit que l'on traverse à gué un ruisseau ou une rivière, les bottes sont imprégnées d'eau, et il arrive ceci, qu'à mesure qu'elles sèchent au pied le cuir opère progressivement un retrait, ce qui rétrécit la botte et serre le pied ; de plus, la botte forcément s'écule de suite et, nous l'avons dit plus haut, on ne peut, sans la plus grande gêne, on le sait, marcher avec des bottes éculées.

Si c'est une botte cambrée et qu'on la déchausse lorsqu'elle est très mouillée, il arrivera ceci : l'avant de la tige se décambrera et la botte restera ainsi ; puis lorsqu'on la rechausse, il se forme de gros plis qui resteront toujours, à partir du haut du coude-pied à l'arrière et autour de la cheville; et lorsque les bottes ont d'assez fortes tiges, comme les auront forcément toutes bottes militaires, ces plis, à la marche, blessent le pied, soit aux alentours de la cheville, soit à la cheville même. Et comme le cuir se durcit à l'usage, ce défaut augmentera en raison de la durée de la chaussure, et les chaussures d'ordonnance sont faites de façon à durer le plus longtemps possible. Mais les soldats allemands, pour obvier à ce décambrage, ne portent que des bottes cambrées par la coupe.

⁂

Que les chaussures procurent le moins possible des durillons.

La petite botte, par son mode de confection, soit au système entièrement cambré par le corroyeur ou par un autre système de cambrage d'avant-pied à languette, est toujours cambrée à l'avant de la botte par un de ces modes combinés de cambrage, lesquels s'opèrent en plusieurs fois : d'abord par le cambreur ou par le coupeur, puis par l'ouvrier bottier en montant le bottillon sur la forme, puis ce cambrage est terminé par le passage à l'embouchoir.

Le cuir a primitivement une surface plane et non cambrée, et comme il est dans la nature du cuir, ainsi que dans celle du bois, de tendre toujours à reprendre sa forme primitive, il s'ensuit que toute botte en vieillissant se rétrécit toujours vers le coude-pied. C'est une des causes pour lesquelles ceux qui marchent continuellement avec des bottes assez fortes gagnent des durillons vers le coude-pied, et ces durillons amènent une vive souffrance, qui dure encore alors même que l'on marche avec une autre chaussure. Le marcheur qui porte *quotidiennement* la botte, son pied s'affaisse vers le coude-pied, le talon se jette en arrière et devient ainsi presque plat.

De plus, comme vers le coude-pied il existe une grosse veine, celle-ci se gonfle par la compression, et, à la longue, amène des varices.

Un autre et très-grave inconvénient de la botte. c'est que tous les pieds ne peuvent pas la chausser. Ainsi pour des pieds dont le talon est porté en arrière, il faut *donner* de *l'entrée* à la tige, afin de faciliter le passage du talon. Ce surplus produit un vide dans la botte, et le talon monte et descend a chaque pas ; il est écorché de suite, et de plus, à chaque pas, la botte est comme lancée pour quitter le pied; elle fatigue ainsi le marcheur, et s'écule de suite. Aux pieds presque plats, aux pieds plats surtout, il se forme sur le coude-pied et vers la cheville une quantité de gros plis qui les blesseront de suite, à la première marche. Voilà pour les pieds défectueux ; et il y a quantité de Français qui ont les pied défectueux.

On nous répondra : Mais on n'accepte pas de fantassins qui ont des pieds plats. — C'est possible, mais nous avons toujours remarqué qu'il y a quantité de fantassins qui ont les pieds presque plats, et même plats. — Mais, répondra-t-on, ils ont subi l'examen du conseil de révision ? — Sans doute que, ce jour-là, ils avaient les pieds cambrés.

La botte vous procurera des traînards en grande quantité, et les mêmes hommes chaussés d'un bon soulier, ayant les qualités demandées, seraient de bons marcheurs.

Par toutes les considérations que nous venons de soumettre et par d'autres que nous passons sous silence, nous nous déclarons donc contre l'adoption de la petite botte, surtout de la botte à tige cambrée pour chausser le fantassin français.

* * *

Nous pourrions continuer nos critiques ; nous préférons citer les noms de quelques chirurgiens et de cordonniers-bottiers, tous chausseurs de mérite, qui n'acceptent pas la petite botte. Ainsi : le grand Larrey, chirurgien des armées de la première République et de l'Empire, n'acceptait pas la botte pour le fantassin.

Le chirurgien Cavalier, qui suivit nos armées depuis la conquête de l'Egypte jusqu'aux invasions de 1814-1815, était partisan du soulier et de sa guêtre. — Le docteur L. Muller préfère un bon soulier à la petite botte. Nous pourrions citer bon nombre de noms de chirurgiens qui n'acceptent pas la botte comme chaussure d'infanterie. Les noms que nous venons de citer suffisent sans doute par leur autorité.

Il y a plus de dix ans, plusieurs maîtres cordonniers et bottiers de l'armée ont déposé au ministère des modèles de chaussures pour le fantassin. Le journal *le Moniteur de la Cordonnerie* les fit dessiner et publier. Ainsi, le modèle de Delmas, maître bottier au 5e chasseurs à cheval, fut déposé au ministère en 1861. Vers le même temps, par notre ami, M. Bartibas, maître cordonnier au 2e zouaves, une capacité dans notre profession, connue de tous les officiers d'Afrique.

Moinier maître cordonnier au 23e de ligne, en 1868, proposa des modèles de souliers d'infanterie.

Boisse, ex-caporal cordonnier, devenu un des coupeurs que nos ouvriers à Paris ont le plus connu et estimé, n'approuvait pas l'usage de la botte pour le fantassin.

Feu Lamotte, le cordonnier orthopédiste, ancien caporal cordonnier au 14e léger, était partisan d'un bon soulier pour le fantassin.

Le savant cordonnier orthopédiste, de Paris, Dupré, que tous les chirurgiens de l'Europe recommandaient ;

Le bottier Vachon, ancien rédacteur du *Moniteur de la Cordonnerie*, étaient partisans du soulier pour l'infanterie.

M. Vial, un fabricant de chaussures de mérite, a fait plusieurs modèles de chaussures ; l'un était une bottine ; l'autre un soulier et sa guêtre. Cette dernière avait son sous-pied cousu entre la première et la dernière semelle.

Vergely, maître cordonnier d'infanterie du 34e

de ligne, nous apporta, en 1868, un modèle de chaussures qu'il a déposé au ministère. Nous avons fait dessiner cette chaussure d'infanterie : c'était une bottine et non un bottillon.

Notre collaborateur Marchand demande pour l'infanterie le soulier dit napolitain.

Adnier, ex-caporal cordonnier au 22e de ligne, était partisan d'un soulier-guêtre pour le fantassin.

M. Cholet père, ancien maître bottier de l'armée, exposa en 1855 un soulier ingénieux et simple. C'était un soulier d'ordonnance dont la guêtre était cousue avec la semelle première ; il l'a proposé, mais... mais... la routine !

Cholet fils, ex-maître bottier de l'armée, n'approuve pas la botte pour le fantassin.

Feu Sellier, l'inventeur de la première machine à visser la chaussure, nous a montré, à l'Exposition de 1855, une chaussure de fantassin : c'était un brodequin formant guêtre.

Villaume nous montra à cette Exposition quatre différentes chaussures pour l'infanterie, et pas un seul modèle de bottillon.

Marcard, le chausseur connu dans les Deux-Sèvres, nous a montré des souliers de fantassin.

Edouard Mercier, qui compte parmi nos premiers coupeurs, est l'adversaire de l'adoption de la petite botte pour le fantassin.

Mollet-Perrotat vient de publier une lettre énergique où il se récrie contre la petite botte.

Cabut-Piéters, le bottier du roi des Belges, n'accepte pas la petite botte et vient de publier une lettre où il dit qu'il préfère le soulier napolitain que demandent et portent, pour les manœuvres, tous les officiers du régiment qu'il chausse.

Notre confrère et collaborateur Deslandes, un des bottiers de Paris qui jouissent d'une grande réputation, n'est pas partisan du bottillon comme chaussure pour l'infanterie.

Si nous voulions, nous citerions d'autres noms non moins remarquables.

On voit que nous sommes en bonne et nombreuse compagnie contre l'emploi du bottillon pour l'armée.

Bon Dieu ! depuis 1820, que de modèles ont été

proposés infructueusement et que d'intelligence a été dépensée par les cordonniers, surtout par les cordonniers-bottiers de régiments !

J'apprends que notre excellent confrère Bernardel est partisan de la botte pour le fantassin ; cependant il accepterait, m'a-t-on dit, un bon soulier dit napolitain.

Faut-il conclure de ce que nous venons de dire que nous sommes partisan absolu du soulier d'ordonnance actuel? On se tromperait étrangement, si l'on tirait cette conclusion.

Il y a certainement des réformes à faire dans la chaussure de l'armée ; mais nous ne voudrions pas voir remplacer une chaussure assez imparfaite par une autre qui offrirait des imperfections aussi réelles, et des dangers aussi grands que ceux que nous avons signalés dans l'article critique que nous venons d'écrire.

***

Profondément patriote, ce que nous désirons

avant tout, c'est que notre armée soit chaussée avec intelligence et solidité.

Nous l'avons assez souvent répété dans les nombreux articles que nous publions dans le journal de notre profession : si la chaussure est de première nécessité pour tous, elle est pour l'armée un des éléments de succès en campagne. C'est assez pour que nous désirions apporter à l'œuvre commune l'expérience que nous avons pu acquérir par des travaux nombreux et incessants, en ce qui concerne un métier dont nous sommes fier.

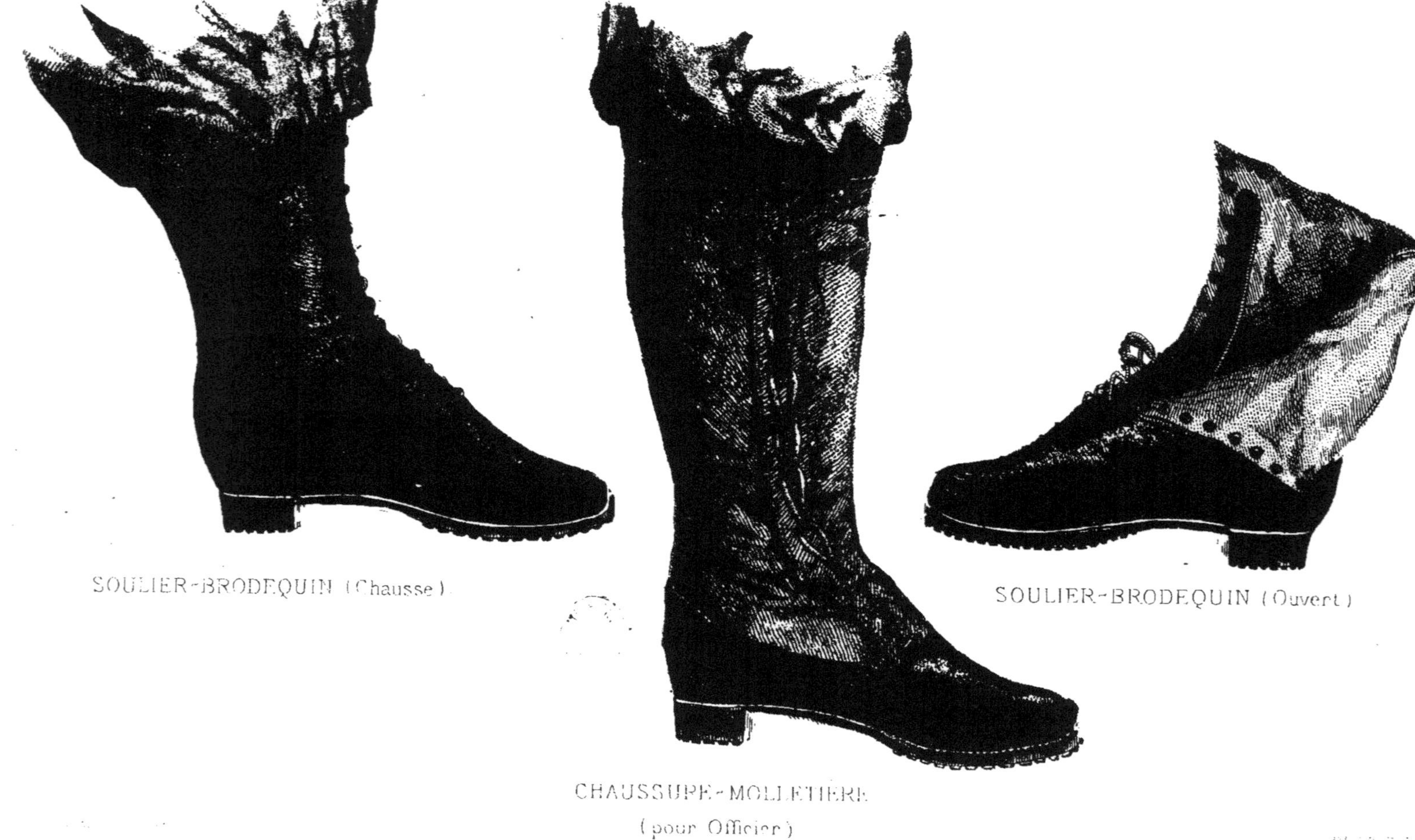

SOULIER-BRODEQUIN (Chausse)

CHAUSSURE-MOLLETIÈRE (pour Officier)

SOULIER-BRODEQUIN (Ouvert)

§ III

CHAUSSURES DE L'ARMÉE

DES MODÈLES DE CHAUSSURES SPÉCIALES

POUR L'INFANTERIE

Le laboureur et les ouvriers portant des bottes pour travailler. — Le fantassin. — De la fabrication en gros du bottillon. — Disette des cuirs à équipement. — Conséquence. — Augmentation du prix des chaussures des ouvriers. — Le Soulier d'ordonnance et ses guêtres. — Création du soulier d'ordonnance en 1815, le colonel Bardin et la commission. — Le soulier dit napolitain. — Nouveaux modèles : Le brodequin-soulier (modèle Guénin). — Molletière-soulier (modèle Guénin). — Facilité de la réquisition des cordonniers en temps de guerre, lorsque le modèle de chaussures est facile à fabriquer. — Paquetage de la chaussure. —

Essais pratiqués afin de voir de suite la valeur du genre de chaussures. — Le fantassin en Algérie, au Sénégal, pourra-t-il chausser la petite botte? — Pourquoi l'on désire donner la petite botte au fantassin français. — L'auteur aux officiers. — Conclusion.

> Le problème est celui-ci, et il n'y en a pas d'autres : chausser le soldat uniquement au point de vue de faire campagne et non pas de passer des revues.
>
> Félix GUÉNIN.

> Le soulier est le cheval du fantassin.
>
> (Maréchal Niel.)

Comme nous voulons traiter cette question à fond, nous ne voulons passer sous silence aucune objection sérieuse. On peut nous faire celle-ci : « Beaucoup de cultivateurs aisés, depuis quelques années, portent la petite botte pour travailler. » — Oui, cela est vrai, mais c'est un peu par coquetterie ; autrefois il labourait chaussé du sabot et de la guêtre. Ce n'est pas une raison parce que le bottillon est une chaussure plus commode pour labourer, pour que le fantassin doive porter le bottillon en campagne.

Qu'on n'oublie pas aussi que le cultivateur a fait faire ses bottes sur mesure, elles le blessent beaucoup moins ; mais nous traiterons plus loin cette grave question.

Le cultivateur, après sa journée faite, se débotte *de suite*, met d'autres chaussures pour se délasser.

Le soldat en campagne garde toujours sa même chaussure, et surtout la nuit. Le cultivateur repose en toute sécurité, et si ses bottes l'ont blessé ou lui ont fait gonfler les pieds, il remet le lendemain une autre chaussure; mais le fantassin pourra-t-il se délasser ainsi ? La condition n'est pas la même; ce qui peut être utile à l'un ne peut pour cela être adopté pour l'autre. Nous répondrons de même à la comparaison qu'on nous fait de tout ouvrier qui portera la botte ou la petite botte pour travailler. Nous avons encore les savants qui improvisent des plans de campagne sous le paisible manteau de la cheminée. Ils disent : « qu'aujourd'hui on transporte l'infanterie par les chemins de fer; alors on peut faire chausser la petite botte. » Qu'ils demandent donc aux officiers de l'armée de l'Est si les chemins de fer ont empêché notre infanterie de marcher, au point que nos pauvres soldats, chargés de bagages, étaient obligés de bivouaquer forcément, à cause des fatigues de la marche.

***

LES MARCHEURS CHAUSSENT-ILS LA BOTTE?

Du reste, toujours nous faisons passer la pratique avant la théorie, et nous disons ceci : Est-ce que nos vrais chasseurs, nous y insistons, est-ce que même le riche habitant des montagnes portent la botte, même la petite botte? Non, ils chaussent le soulier ou le brodequin avec la guêtre; il en est de même du touriste. La botte les fatigue trop d'abord et les blesse.

— Est-ce que le roulier, ce Juif-Errant de nos routes, porte le bottillon? non, il se chausse du brodequin.

Passons à d'autres questions très-graves.

DE LA FABRICATION EN GROS DU BOTTILLON POUR L'ARMÉE.

Il ne suffit pas d'adopter un modèle de chaussures et de déclarer qu'il est supérieur, il y a encore d'autres et sérieuses considérations : ainsi, la question de pouvoir bien fabriquer à assez bon marché, et surtout de pouvoir faire fabriquer vivement, afin de subvenir aux besoins imprévus, car nous avons payé assez cher les imprévoyances de 1870-71.

Une commission d'équipement doit chercher non-seulement un bon équipement, mais encore qu'on puisse le fabriquer vivement pour faire face à toutes les éventualités.

Quant au prix du bottillon, arrangez-vous comme vous l'entendrez, il reviendra toujours très-cher. Ensuite, vous ne pourrez, sans des difficultés inouïes, vous procurer du gros veau ou de la vachette en quantité suffisante pour fabriquer la tige du bottillon, et pour fournir toute notre infanterie.

Tenez, en ce moment les bottiers de la cavalerie ne peuvent déjà se procurer des tiges de bottes, et cependant le besoin n'a lieu que pour la cavalerie; que sera-ce donc lorsqu'il en faudra pour chausser toute l'infanterie! A l'heure présente, il n'y a pas en France de peaux spéciales en tannerie pour pouvoir chausser en bottillons la moitié de l'infanterie, les tanneurs le savent bien.

Si la petite botte est adoptée, les gros veaux et vachettes seront hors de prix, et ces prix se maintiendront toujours et toujours. Or, pour fabriquer quantité d'autres équipements où il faut employer ces mêmes cuirs, le fournisseur sera forcé de faire payer à l'Etat cette forte augmentation.

Il y a encore une autre et sérieuse considération, c'est que le cuir qu'on emploiera pour fabriquer les cuirs de petites bottes, étant le même que celui qui sert à fabriquer la chaussure des ouvriers de la ville et des champs, alors le cuir employé pour la nouvelle chaussure de l'infanterie fera augmenter forcément le prix de la chaussure des ouvriers. — Voici pourquoi, et c'est mathématique : une paire de petites bottes comporte dans ses tiges de quoi faire les dessus de deux paires de souliers. Or, supposons huit cent mille fantassins; il faudra pour les chausser de quoi fournir les dessus de souliers de seize cent mille ouvriers au moins! C'est logique (1).

En France, lorsqu'une marchandise a haussé, tout le monde sait que cette marchandise garde un cours élevé, nous en avons une preuve irréfutable: depuis la guerre de Crimée, le cuir fort (*cuir à semelle*) n'est jamais descendu, à beaucoup près, au prix payé avant cette époque. Pourquoi?...

⁂

Difficulté à prévoir.— La commande de n'importe quel genre de souliers, tant pressée soit-elle, on pourra arriver à la fabriquer en temps et en heure.

---

(1) Les sérieux renseignements que nous avons nous autorisent à porter à huit cent mille fantassins le projet des commissions de la guerre. Si l'on nous contredit, nous dirons : un million et plus, et nous serons encore dans le vrai.

— Mais pour la botte, ce sera autre chose.

Il faut d'abord des ouvriers beaucoup plus capables pour fabriquer même la botte la plus simple, que pour faire le soulier ou le brodequin.

Mais, nous dira-t-on, nous pourrons avoir recours au système de la division du travail. — Je vous répondrai qu'en une heure vous ferez un monteur de souliers qui pourra plus tard monter plus de trente paires par jour. Mais pour monter des bottes, il faut un bottier et un bon bottier, et il nous en manquera encore longtemps, et pour monter une paire de bottes, il faut environ six fois plus de temps que pour monter une paire de souliers.

Un soulier d'ordonnance ou tout autre, mal monté peut encore être porté, mais une botte mal coupée, mal montée, *blessera forcément le marcheur* : c'est une chaussure perdue.

Voyons un peu la chaussure d'ordonnance actuelle de l'infanterie :

LE SOULIER D'ORDONNANCE ET SA GUÊTRE EN CUIR OU EN TOILE

Nous dirons à nouveau que, si nous ne sommes pas partisan du bottillon pour l'infanterie, nous ne sommes pas tout à fait partisan du soulier actuel avec la guêtre en cuir. Mais nous reconnaissons à cette dernière chaussure certaines qualités lorsqu'elle est établie convenablement.

Quelques fabricants ont eu un grand tort, celui de ne pas donner au quartier du soulier d'ordonnance la hauteur demandée, ce qui est une cause qui fait que ce soulier ne tient pas au pied; heureusement pour le pauvre troupier, que, pour parer en partie à ce grave inconvénient, la guêtre maintient l'arrière du soulier. Mais jamais la guêtre ne doit avoir cette mission-là, car tout soulier, soit pour civil, soit pour militaire, doit bien tenir au pied *par lui seul*; s'il n'y tient pas, c'est une chaussure manquée ; elle ne doit pas être reçue. Du reste, les modèles du ministère n'ont pas ce défaut: ils tiennent parfaitement aux pieds.

La guêtre a pour mission seulement de procurer une haute tige au soulier, afin de protéger le bas de la jambe, tout en laissant au pied son jeu preste et facile.

Ce qu'on peut reprocher au soulier d'ordonnance, c'est de ne pas avoir de contre-fort pour maintenir le ta'on ; alors, ce manque exige un quartier fort et raide ; c'est une perte, surtout dans un pays comme la France, où le bon cuir pour forte empeigne est déjà bien rare.

Le soulier d'ordonnance et sa guêtre pourraient être modifiés: on en ferait ainsi une bonne chaussure; mais il faudrait qu'il soit établi rigoureusement d'après l'ordonnance modifiée et adoptée.

***

La *guêtre en cuir*, lorsqu'elle vieillit, durcit et blesse le pied. On peut remédier à cet inconvénient en mettant le côté de la chair en dessus et en le nourrissant modérément de graisse ; de cette façon, la guêtre ne durcit pas, reste souple et blesse beaucoup moins le marcheur, qu'elle ne le fait avec le système actuel.

La guêtre pour les cas imprévus demande un certain temps pour se chausser, à cause de la multiplication des œillets, et nous dirons que, pour être bien guêtré, il faut, vers le bas, quelques œillets en plus aux guêtres que nous voyons aux pieds de nos fantassins depuis deux ans.

LE SOUS-PIED

N'oublions pas encore le grand inconvénient du *sous-pied*, lequel s'use vite et casse, et, lorsque le soulier n'a pas un quartier de la hauteur voulue, il quitte le pied ; on comprend que le soldat ainsi chaussé, est malheureux et de bon soldat qu'il est peut devenir traînard. Nos officiers l'ont vu en 1870.

Il faut remplacer souvent le sous-pied, ce qui est difficile pour le soldat en expédition.

CRÉATION DU SOULIER D'ORDONNANCE

Les hommes qui ont créé les souliers dits d'ordonnance n'étaient pas des ignorants sur ce sujet.

* * *

On était vers 1815 ; l'armée de l'infanterie, le croirait-on? n'avait pas encore une chaussure dite d'ordonnance! Le colonel Bardin fut chargé de faire établir des types de chaussures pour militaires, fantassins et cavaliers.

Le colonel Bardin, était un officier d'une intelligence hors ligne, pratique et non routinière.

Pour l'équipement, il s'y prit comme tout homme intelligent qui sait les choses s'y prend. Il nomma des commissions composées d'hommes ayant les connaissances spéciales, mais il s'appliqua surtout à s'entourer de gens honnêtes, n'ayant aucun intérêt à induire en erreur, en vue de futures commandes ou remises de commissions sur des marchés...

Ainsi, pour la chaussure, il appela des cordonniers-bottiers de grand mérite ; ils composèrent le soulier d'ordonnance du fantassin, dont depuis on chaussa l'armée jusqu'en 1869. Ce n'était pas un soulier parfait, mais pour un premier modèle, il avait une certaine valeur.

Un grand tort de cette commission fut de ne demander que trois longueurs de chaussures.

En 1859 l'administration a fait établir sérieusement les diverses grandeurs, non plus par le vieux *point*, mais par centimètres, soit huit et même neuf longueurs ; puis quatre largeurs différentes par chaque longueur. — Celui qui écrit ces lignes eut le plaisir de collaborer à cette réforme de l'administration militaire.

LE SOULIER DIT NAPOLITAIN

Suivant beaucoup de nos confrères et suivant nous, ce soulier, lorsqu'il est établi avec intelligence, a presque toutes les qualités demandées pour chausser le fantassin : il est facile à marcher; il protége la cheville du pied et le bas de la jambe, il est vivement chaussé ; il s'élargit à volonté à partir du bas coude pied. Voilà une des chaussures du marcheur. Du reste, ainsi que le brodequin, elle est recherchée des vrais chasseurs et des touristes, des facteurs ruraux, des charretiers, etc., qui se gardent bien de chausser la botte !

Ce soulier, au point de vue de la fabrication pour l'armée, ne produira pas une hausse continuelle sur les cuirs comme la produira forcément l'adoption du bottillon, ainsi que nous l'avons démontré plus haut.

LE BRODEQUIN-SOULIER

(Modèle Guénin) (1)

Dire et prouver que telle chaussure est d'un mauvais usage, que telle autre est moins défectueuse, la critique loyale est utile, c'est vrai, mais on doit remplacer ce qu'on trouve défectueux par une autre chaussure meilleure. C'est ce que nous croyons faire en proposant deux modèles de chaussures que nous nommons *soulier-brodequin*. Nous les avons dessinés sur une planche de modèles de chaussures qui accompagne cette Brochure.

Nous venons d'indiquer plus haut les qualités que possède le soulier napolitain, et, pour les partisans de la guêtre en toile, ou étoffe, ou cuir, ce même soulier peut recevoir facilement ces genres de guêtres.

---

(1) Voir la gravure qui accompagne cette brochure.

Nous aurions donc, sans cette raison, proposé le soulier napolitain, mais la guêtre pour le fantassin est d'une grande utilité pour protéger le bas de la jambe et aussi pour recevoir le bas du pantalon.

La guêtre en toile, en été, a une valeur, elle est souple et ne fatigue pas le marcheur; la guêtre en cuir est lourde, raide, et de plus a un grave inconvénitent, celui-ci : c'est qu'en route, par les temps de boue, elle l'aspire et la fait monter entre elle et l'arrière du quartier de la chaussure, jusque dans le soulier d'ordonnance.

Cette boue laisse un sable qui blesse de suite le talon du marcheur. Notre modèle de chaussure n'a pas ce défaut.

Nous avons donc pensé à procurer de grandes facilités au marcheur, et nous soumettons deux espèces de chaussures. Chacun de ces modèles a tous les avantages du soulier et de la guêtre d'ordonnance en cuir, sans en avoir les inconvénients : il se chausse et se déchausse très-facilement, il s'élargit à volonté; la tige, remplaçant la guêtre ne peut devenir dure et blesser ainsi ni les chevilles, ni la jambe; enfin, il a d'abord des qualités reconnues au soulier napolitain, et de plus sa tige forme guêtre ; c'est à la fois le soulier napolitain, le brodequin et la bottine militaire; mais il faut que la laçure serre le pied à partir du bas coude-pied, et non à partir du haut coude-pied, ainsi que beaucoup de cordonniers établissent ce soulier. — Voyons ce modèle.

CHAUSSURE FORMANT GUÊTRE ET N'AYANT PAS DE SOUS-PIED

Cette chaussure forme guêtre et n'a pas les inconvénients du sous-pied, puisqu'il n'y en a pas. C'est simplement le soulier napolitain dont le quartier, prolongé par une coupe convenable, monte jusqu'à la hauteur de la tige du bottillon ; l'ouverture est à l'avant, le long du tibia ; sous cette ouverture il y a une mince et longue languette rapportée, au haut de l'empeigne, mais de façon à ne pas blesser le haut du coude-pied. — Cette languette souple tient à l'un des côtés de la tige.

Si on le désire pour cette mince patte, il y a un autre système connu, qu'on peut facilement employer, c'est la patte rapportée, dite à soufflet, laquelle est mince, ample, se plie et se replie en sa largeur; elle est cousue à la tige, à chacun des côtés de l'ouverture, sous le bord, dans toute sa longueur; de cette façon, l'ouverture de l'avant de la chaussure n'est plus qu'une ouverture qui se déplie pour laisser passer le pied, et qui se replie une fois le pied entré. Ce genre de *patte à soufflet* est employé avec succès pour les bottines de chasse.

CHAUSSURE CHAUSSÉE EN UNE DEMI-MINUTE

Cette chaussure, par un simple, solide et nouveau système de laçure instantanée, se chausse et se déchausse très vivement. Il est inutile de délacer les premiers œillets ordinaires vers le coude-pied, et le reste du lacet on le passe très vivement autour de solides petits crochets en cuivre, arrondis, il n'y a qu'un seul lacet: il passe sous chacun des crochets, lesquels sont passés de façon que, la bordure fermée, les crochets sont les uns entre les autres.

Pour chausser ce brodequin, une demi minute au plus suffit.

Nous croyons avoir pensé à tout. Ainsi, si, par hasard, un ou plusieurs crochets cassaient en expédition, nous disons hasard, parce que ce genre de crochet, en fort métal, ne casse pas à l'usage, mais s'il en cassait, eh bien ! il y a une ressource, celle-ci : c'est que ce crochet, étant fixé à la tige de la chaussure par le système d'un œillet, on aurait encore la ressource de l'œillet même, puisqu'il reste intact. Ce système d'œillets à crochet est reconnu très solide et commode. Il a, Dieu merci, donné d'assez bons résultats pour ne pas être discuté aujourd'hui.

Nous avons encore, dans ce genre de laçure, pensé à ceci : Si le soldat en campagne manque de cordons en cuir, il pourra les remplacer par la première ficelle venue. Nous le répétons ce brodequin n'a que six œillets dont le lacet reste passé de dedans. La laçure se termine, le lacet passant sous chacun des crochets.

La poussière ni l'eau n'entrent pas dans ce brodequin. Le haut quartier forme comme une tige de petite botte, il est très-souple, dès lors, tout en protégeant le bas de la jambe, comme le fait la guêtre ; il n'en blesse pas les parties. De même que la guêtre, et de même que la petite botte, la tige de cette chaussure reçoit très facilement le bas du pantalon pour faire route et manœuvres. En temps ordinaire, elle permet aussi au soldat de porter le bas du pantalon comme le porte le civil.

Chaussé de ce brodequin, on peut traverser un ruisseau sans que l'eau pénètre dans l'intérieur.

***

Le soulier d'ordonnance actuel blesse quelquefois le marcheur par son système de laçure sur le coude-pied; aussi le soldat arrache-t-il de suite la languette et élargit l'ouverture. La chaussure que nous proposons ne peut blesser le coude-pied du marcheur, puisque, comme le napolitain, l'empeigne passe sur le coude-pied; de plus, pour les pieds sensibles, l'empeigne forte peut être très amincie à cet endroit du pied.

***

Nous avons établi cette chaussure il y a bien des années, et nous l'avons portée pendant le siége de Paris par les Prussiens.

Ce soulier-brodequin est commode à la marche; plusieurs collègues et moi en avons été chaussés pendant des journées sans nous déchausser; une fois, je l'ai porté plus de cent heures sans en être blessé. Le haut quartier, formant une haute tige, a un contre-fort extérieur, ce dernier ne pourrait donc jamais blesser l'arrière du pied; la tige n'a pas besoin d'être de qualité. On ne doit chercher que la souplesse; on la prend dans les parties inférieures de la peau.

Cette chaussure ne reviendra pas plus cher, peut-être moins cher que le soulier d'ordonnance et sa guêtre en cuir.

Ce haut brodequin, comme le soulier d'ordonnance et le soulier napolitain, est facile à fabriquer par les ateliers des régiments ou du civil et même par les cordonniers de nos villages. De plus encore, les cordonniers pour chaussure de femmes sauraient faire ce brodequin militaire, mais ne sauraient pas faire un bottillon. Tous ces cordonniers requis seraient d'une grande ressource si nous subissions de nouveau une invasion.

Dans ce cas, on le voit, cette grande ressource ne pourrait pas être utilisée pour fabriquer la petite botte.

* * *

PAQUETAGE POUR VOYAGER EN EXPÉDITION

Ce brodequin-soulier est facile à paqueter, il reçoit facilement sa haute tige en l'affaissant sur elle-même, comme on le fait pour paqueter les bottines du civil qu'on expédie en caisse. La tige, ainsi placée, ne dépasse pas la hauteur du contrefort.

Tandis que la petite botte est très-difficile à paqueter, de plus, le volume d'une paire équivaut à plus de deux paires de notre brodequin. Ainsi, en expédition, où il faut tout compter pour l'équipage, il est bon de savoir que la petite botte demandera, supposons deux fourgons pour contenir un certain nombre de paires, lorsqu'il ne faudra au plus qu'un seul fourgon pour contenir le même nombre de paires de notre brodequin; ce sera le *double de fourgons en moins.*

Le soulier d'ordonnance actuel se paquette très-facilement, la guêtre aussi. Notre brodequin, formant guêtre, ne demande pas plus de volume au paquetage, et peut s'attacher par gros paquets réguliers et de forme cubique, ce qui est un grand avantage pour emplir une caisse pour expédition, avantage que ne peut donner la petite botte.

***

MOLLETIÈRE-SOULIER POUR OFFICIERS D'INFANTERIE

Modèle Guénin (1)

Ce deuxième modèle monte jusque sous le jarret, il comprend à peu près le même système que le précédent; il se compose donc à la fois d'un soulier napolitain ayant une grande et souple molletière, tout en ne faisant qu'une seule et même chaussure, laquelle est très-vivement chaussée. Ainsi l'on serre le coude-pied par une laçure de six œillets, laquelle, une fois lacée, il est inutile de délacer, et la tige se ferme comme une molletière ordinaire. Si l'on trouve ce modèle meilleur que le précédent, on peut le donner au soldat, il n'y aurait qu'à faire la tige moins haute. Nous le proposons pour officiers, parce qu'elle revient plus cher, et que l'officier peut payer.

---

(1) Voir la gravure qui accompagne cette brochure.

La courroie qui ferme la tige en haut sous le jarret évite bien de la fatigue au marcheur, par cela qu'elle l'aide à supporter sa chaussure à chaque fois qu'en marchant le marcheur lève le pied.

La *molletière-soulier* ressemble, au premier abord, à une botte, mais elle n'en a pas les inconvénients ; ainsi elle ne pousse pas à la transpiration du pied et de la jambe, pourquoi? parce que l'air y pénètre assez par la laçure du coude-pied, et par celle de la molletière.

Nous n'avons pas grand mérite à avoir établi ces deux simples chaussures ; cela prouve que souvent il n'est pas besoin de chercher loin un bon modèle.

Ce dernier modèle à molletière, nous l'avons un peu copié sur une botte-molletière de notre confrère et ami Mollet-Perrotat ; nous tenons à le dire ici.

⁂

ESSAIS PRATIQUES ET FACILES

Afin de prouver que la botte est une mauvaise chaussure pour le fantassin.

La pratique vaut mieux que la théorie

En terminant l'exposition des deux modèles, nous dirons, comme toujours, que la *pratique vaut mieux que la théorie*, et nous nous permettons de dire à l'administration supérieure qu'elle fasse un essai, lequel lui coûtera peu, en raison des mauvais résultats que pourront coûter à l'État l'adoption d'une *chaussure défectueuse, le bottillon cambré et non cambré* entre autres.

Que l'on chausse avec le bottillon (le genre qui, dit-on, est en voie d'être adopté) plusieurs compagnies dans quelques régiments, ceux qui campent et manœuvrent en ce moment; et, qu'un même nombre de compagnies, les unes chaussées à neuf de la bonne chaussure d'ordonnance, d'autres compagnies chaussées des meilleurs modèles proposés, et que ces compagnies fassent les mêmes manœuvres, mais pendant le même laps de temps, de cette façon on se rendra compte si les promoteurs de la petite botte ont raison, et en même temps quelle est celle des chaussures proposées qui est préférable sous tous les rapports.

Cet essai, comme dépense, coûtera peu d'argent. Hélas! depuis plus de vingt ans, on en a dépensé moins utilement !

Mais pour juger de la valeur du bottillon pour le fantassin, il suffit d'un essai bien moindre, et ce sera chose jugée de suite : qu'on chausse une compagnie avec le bottillon, qu'on chausse une autre compagnie même avec le soulier d'ordonnance actuel (1), qu'on fasse manœuvrer et aller au pas gymnastique ces deux compagnies, en moins de trois heures on aura la preuve la plus sérieuse que le bottillon ne doit pas être adopté pour l'infanterie.

(1) Nous voulons dire le soulier déposé au ministère, et qui a son quartier de la hauteur voulue.

⁂

Nous venons d'indiquer deux moyens pratiques pour éclairer la commission. Ces moyens peuvent être exécutés de suite et sous ses yeux ; ils sont très peu coûteux, et encore, le seraient-ils, ils le seront toujours moins que de chausser quantité de régiments, puis, après des plaintes sérieuses, d'être forcé à revenir à l'essai d'un autre genre de chaussures. — Le plus malheureux serait que nos fantassins éprouvassent des revers dont l'une des causes serait leurs chaussures ! Cela s'est vu souvent et pas plus tard qu'en 1870-71. Prenez garde !.. ..

⁂

LE FANTASSIN EN ALGÉRIE ET AUTRES COLONIES TROPICALES POURRA-T-IL CHAUSSER LA PETITE BOTTE ?

Une dernière et sérieuse observation : nos régiments tour à tour habitent l'Algérie et nos colonies.

Je défie qu'en Algérie nos fantassins chaussent la petite botte dans les expéditions ; ils auront les pieds entamés par la sueur ; ils seront blessés à la première journée de marche.

Ce genre de chaussure, ne permettant pas l'évaporation de la sueur du pied, le fait enfler, puis le comprime et nuit à la santé générale en donnant la fièvre. Que l'on consulte les médecins.

Ah ! si nos soldats partaient en expédition pour des pays tout marécageux, nous serions assez d'avis de choisir un modèle de bottillon, mais en est-il ainsi ? non, on donne au fantassin un genre de chaussure pour tous les climats et pour toutes les saisons !

***

OPINION DES CORDONNIERS ET BOTTIERS DE L'ARMÉE

On a consulté les maîtres cordonniers et bottiers de l'armée. Malgré que, pour cause inutile à dire ici, le chef-ouvrier malheureusement n'ose pas toujours dire son avis, nous connaissons l'opinion de la majorité de nos confrères de l'armée : nous savons ce qu'elle pense et n'ose dire.

***

POURQUOI ON VEUT CHAUSSER L'INFANTERIE DE LA PETITE BOTTE

Savez-vous pourquoi on remue ciel et terre pour que l'infanterie chausse le bottillon ? C'est d'abord parce qu'il est dans l'idée de certaines personnes d'apporter à l'armée du nouveau, ce nouveau dût il être mauvais. Cela pose en réformateur d'équipement en partisan du progrès cela donne de l'importance et fait monter très-vite en grade.

Et beaucoup de gens tombent là-dedans, jusqu'à nos troupiers. En voici la raison : les neuf dixièmes de nos fantassins sont des ouvriers et des paysans qui n'ont jamais porté de bottes, et on sait combien, dans le peuple, les jeunes gens désirent porter des bottes. Des bottes ! mais c'est un rêve réalisé. Les bottes coûtent toujours cher, il n'y a guère que les gens aisés qui en portent; jugez donc, des bottes ! ça fait du bruit en marchant. Des bottes ! tout est dans ce mot-là !

Du reste, tout le monde est enfant; beaucoup d'officiers aiment bien à traîner leur sabre pour faire du bruit; pourquoi les enfants du peuple n'aimeraient-ils pas aussi faire du bruit?

Pour le fantassin, il y a encore une raison qui lui fait désirer la botte; il sait que la troupe dite d'élite, les gendarmes, les gardes municipaux, les gardes républicains portent la botte. Jugez quel entrain pour avoir des bottes ! voilà la gaminerie.

***

Pour le côté sérieux de la question, nos officiers et soldats disent : les Prussiens, les Allemands avaient des bottes. Copions leur équipement, ils sont mieux équipés que nous. — Oui, que l'on copie ce qu'ils ont de bon, qu'on copie leur artillerie, tout ce qu'ils ont de supérieur à nous, mais, pour Dieu ! pas le système de leur chaussure.

La botte de l'Allemand, pour faire campagne, est inférieure comme système de chaussure militaire.

L'Allemand porte la botte, c'est un peu la chaussure nationale et légendaire, et il la porte parce qu'il vit en partie sur des terrains humides ; c'est pourquoi il chausse la botte et la petite botte.

Mais pour le troupier français, le soulier napolitain à haute tige est bien préférable.

***

L'AUTEUR AUX OFFICIERS DE L'ARMÉE

Je m'adresse aux officiers et je me permets de leur rappeler ceci : chaque nation a son caractère.

L'Allemand que sa chaussure blessera la gardera quand même ; ainsi le veulent son éducation disciplinaire et son caractère *soumis*, pour ne pas dire esclave.

Le soldat français, dans le même cas, prendra son couteau et coupera sa chaussure à la partie qui le blessera, et, en expédition, après des marches forcées, lors du repos, les soldats se débotteront et, ayant les pieds gonflés, sinon enflés, ils ne pourront remettre leurs bottes, et s'ils sont pressés par l'ennemi, ils couperont leurs bottes sur le coude-pied ; ces entailles, à chaque pas qu'ils feront, pinceront les parties du pied et le blesseront au sang, ils pourront ainsi tomber au pouvoir de l'ennemi ! la chaussure seule en sera la cause !

Mais, dira-t-on, « les Allemands sont chaussés de bottes. Oui, ils ont des bottes trop longues et trop larges, et pour pouvoir marcher avec, ils y mettent de la paille ou ont de grosses chaussettes en laine, et lorsqu'ils ont les pieds enflés, ils retirent la paille ou leurs chaussettes. De plus, ils impreignent leurs pieds avec force graisse, graissent leurs bottes à l'extérieur et surtout *à l'intérieur*, ce qui, avec la sueur et la poussière, forme un mastic qui donne à l'individu une exhalaison infecte.

Ils marchent lourdement et sans aplomb ; on les entend marcher au loin. Chaussés ainsi, ils ne sont pas agiles. Nous les avons vus, ce n'est pas la chaussure qui les rendit victorieux, et lorsque nos soldats les poursuivaient à la baïonnette, ils ne pouvaient fuir assez vite ! est-ce vrai ?

Nous avons battu les Russes en Crimée, et les Russes portent des bottes;—nous sommes allés en Italie, et les Autrichiens étaient en partie chaussés de petites bottes.

*
*

Si, lors de l'invasion des Allemands, nous eussions été bien instruits, bien conduits, si nous avions eu une artillerie de même force, bien équipée et surtout bien chaussée, *on ne penserait pas* aujourd'hui à donner le bottillon à l'infanterie.

Je termine par ceci :

Tous les hommes ne peuvent chausser ni endurer la botte.

Tout le monde peut porter le soulier, et le brodequin.

CONCLUSION

Quant à nous, nous croyons ici remplir un devoir : nous avons dit sur ce sujet ce que l'expérience nous a appris, nous sommes convaincu, ainsi que beaucoup de nos confrères, que la *petite botte*, quelle que soit sa forme, amènera des effets désastreux dans l'infanterie *française*, en campagne.

Nous avons, dans l'intérêt de la question, provoqué l'opinion de nos confrères et des connaisseurs spéciaux. Un seul de tous ceux qui nous ont répondu accepte la petite botte, et encore accepte-t-il le soulier dit napolitain.

Nous avons reçu quantité de lettres d'approbation; nous venons d'en publier dans le journal du métier quelques-unes très énergiques.

Profondément convaincu de nos idées, nous sommes prêt à accepter la discussion théorique et surtout pratique, quand on voudra, et avec qui l'on voudra.

Mais nous supplions les commissions de l'équipement nouveau de s'occuper des modèles de chaussures que présentent nos confrères de l'armée et du civil. Ces hommes sont intelligents et dévoués au pays ; ils ne peuvent que présenter des modèles qui ont de la valeur.

Pour nous, par la publicité que nous faisons ailleurs et par cette brochure, nous nous permettons de dire aux commissions chargées de réformer l'équipement de l'armée française :

— « Si des malheurs, produits par les causes que nous signalons arrivent, nous vous avertissons à l'avance : *Vous avez été prévenus* ! »

Que le bienveillant lecteur croie bien que si, dans cette importante question, je déploie une énergique persistance, c'est que, à tort ou à raison, je crois que notre infanterie, chaussée du bottillon, subira des revers ; c'est que j'aime la France, et j'aimerais mieux disparaître avec ma famille, que voir ma patrie sous l'ignoble joug de l'étranger !

FÉLIX GUÉNIN.

DU MÊME AUTEUR :

—

Pour paraître très prochainement :

Équipement.

Chaussures de la cavalerie.

Cours de coupe et détail des cuirs, Peaux et étoffes.

Conférences professionnelles.

Paris. — Imp. de Dubuisson et Ce, rue Coq-Héron, 5.

www.ingramcontent.com/pod-product-compliance
Ingram Content Group UK Ltd.
Pitfield, Milton Keynes, MK11 3LW, UK
UKHW020928180726
13838UKWH00002B/824

9 782329 341811